Renate Sültz & Uwe H. Sültz

AF216386

Das Mops-

Tagebuch

Sültz Bücher

BoD - Books on Demand

Norderstedt 2018

Bibliografische Information durch die Deutsche
Nationalbibliothek

Die Deutsche Nationalbibliothek verzeichnet diese
Publikation in der Deutschen Nationalbibliografie;
detaillierte bibliografische Daten sind im Internet über
http://dnb.dnb.de abrufbar.

Herstellung und Verlag: BoD – Books on Demand,
Norderstedt

ISBN 9-78374-6-05684-5

Mopsname:

_____

Mopsdaten:

_____

_____

_____

Was mein Liebling heute erlebt hat:

Heute ist der _____

M
Di
M
Do
Fr
Sa
So

Was mein Liebling heute erlebt hat:
Heute ist der _____

M
Di
M
Do
Fr
Sa
So

Was mein Liebling heute erlebt hat:
Heute ist der _____

M
Di
M
Do
Fr
Sa
So

Was mein Liebling heute erlebt hat:
Heute ist der _____

M
Di
M
Do
Fr
Sa
So

Was mein Liebling heute erlebt hat: M

Heute ist der _____

M
Di
M
Do
Fr
Sa
So

Was mein Liebling heute erlebt hat:
Heute ist der _____

M
Di
M
Do
Fr
Sa
So

Was mein Liebling heute erlebt hat:
Heute ist der _____

M
Di
M
Do
Fr
Sa
So

Was mein Liebling heute erlebt hat:
Heute ist der _____

M
Di
M
Do
Fr
Sa
So

Was mein Liebling heute erlebt hat:
Heute ist der _____

M
Di
M
Do
Fr
Sa
So

Was mein Liebling heute erlebt hat:

Heute ist der _____

M
Di
M
Do
Fr
Sa
So

Was mein Liebling heute erlebt hat:
Heute ist der _____

M
Di
M
Do
Fr
Sa
So

Was mein Liebling heute erlebt hat:
Heute ist der _____

M
Di
M
Do
Fr
Sa
So

Was mein Liebling heute erlebt hat:
Heute ist der _____

M
Di
M
Do
Fr
Sa
So

Was mein Liebling heute erlebt hat:
Heute ist der _____

M
Di
M
Do
Fr
Sa
So

Was mein Liebling heute erlebt hat:
Heute ist der _____

M
Di
M
Do
Fr
Sa
So

Was mein Liebling heute erlebt hat:
Heute ist der _____

M
Di
M
Do
Fr
Sa
So

Was mein Liebling heute erlebt hat:
Heute ist der _____

M
Di
M
Do
Fr
Sa
So

Was mein Liebling heute erlebt hat:

Heute ist der _____

M
Di
M
Do
Fr
Sa
So

Was mein Liebling heute erlebt hat:
Heute ist der _____

Was mein Liebling heute erlebt hat:
Heute ist der _____

Was mein Liebling heute erlebt hat:

Heute ist der _____

M
Di
M
Do
Fr
Sa
So

Was mein Liebling heute erlebt hat:
Heute ist der _____

Was mein Liebling heute erlebt hat:
Heute ist der _____

Was mein Liebling heute erlebt hat:
Heute ist der _____

M
Di
M
Do
Fr
Sa
So

Was mein Liebling heute erlebt hat:
Heute ist der _____

M
Di
M
Do
Fr
Sa
So

Was mein Liebling heute erlebt hat:
Heute ist der _____

M
Di
M
Do
Fr
Sa
So

Was mein Liebling heute erlebt hat:
Heute ist der _____

M
Di
M
Do
Fr
Sa
So

Was mein Liebling heute erlebt hat:
Heute ist der _____

M
Di
M
Do
Fr
Sa
So

Was mein Liebling heute erlebt hat:
Heute ist der _____

M
Di
M
Do
Fr
Sa
So

Was mein Liebling heute erlebt hat:

Heute ist der _____

Was mein Liebling heute erlebt hat:
Heute ist der _____

M
Di
M
Do
Fr
Sa
So

Was mein Liebling heute erlebt hat:
Heute ist der _____

M
Di
M
Do
Fr
Sa
So

Was mein Liebling heute erlebt hat:
Heute ist der _____

M
Di
M
Do
Fr
Sa
So

Was mein Liebling heute erlebt hat:
Heute ist der _____

M
Di
M
Do
Fr
Sa
So

Was mein Liebling heute erlebt hat:

Heute ist der _____

M
Di
M
Do
Fr
Sa
So

Was mein Liebling heute erlebt hat:
Heute ist der _____

Was mein Liebling heute erlebt hat:
Heute ist der _____

M
Di
M
Do
Fr
Sa
So

Was mein Liebling heute erlebt hat:

Heute ist der _____

M
Di
M
Do
Fr
Sa
So

Was mein Liebling heute erlebt hat:
Heute ist der _____

M
Di
M
Do
Fr
Sa
So

Was mein Liebling heute erlebt hat:
Heute ist der _____

M
Di
M
Do
Fr
Sa
So

Was mein Liebling heute erlebt hat:
Heute ist der _____

M
Di
M
Do
Fr
Sa
So

Was mein Liebling heute erlebt hat:
Heute ist der _____

M
Di
M
Do
Fr
Sa
So

Was mein Liebling heute erlebt hat:
Heute ist der _____

M
Di
M
Do
Fr
Sa
So

Was mein Liebling heute erlebt hat:
Heute ist der _____

M
Di
M
Do
Fr
Sa
So

Was mein Liebling heute erlebt hat:
Heute ist der _____

M
Di
M
Do
Fr
Sa
So

Was mein Liebling heute erlebt hat:
Heute ist der _____

M
Di
M
Do
Fr
Sa
So

Was mein Liebling heute erlebt hat:
Heute ist der _____

M
Di
M
Do
Fr
Sa
So

Was mein Liebling heute erlebt hat:

Heute ist der _____

M
Di
M
Do
Fr
Sa
So

Was mein Liebling heute erlebt hat:
Heute ist der _____

Was mein Liebling heute erlebt hat:
Heute ist der _____

M
Di
M
Do
Fr
Sa
So

Was mein Liebling heute erlebt hat:
Heute ist der _____

M
Di
M
Do
Fr
Sa
So

Was mein Liebling heute erlebt hat:
Heute ist der _____

M
Di
M
Do
Fr
Sa
So

Was mein Liebling heute erlebt hat:

Heute ist der _____

M
Di
M
Do
Fr
Sa
So

Was mein Liebling heute erlebt hat:

Heute ist der _____

M
Di
M
Do
Fr
Sa
So

Was mein Liebling heute erlebt hat:
Heute ist der _____

M
Di
M
Do
Fr
Sa
So

Was mein Liebling heute erlebt hat:
Heute ist der _____

M
Di
M
Do
Fr
Sa
So

Was mein Liebling heute erlebt hat:
Heute ist der _____

M
Di
M
Do
Fr
Sa
So

Was mein Liebling heute erlebt hat:

Heute ist der _____

M
Di
M
Do
Fr
Sa
So

Was mein Liebling heute erlebt hat:
Heute ist der _____

M
Di
M
Do
Fr
Sa
So

Was mein Liebling heute erlebt hat:

Heute ist der _____

M
Di
M
Do
Fr
Sa
So

Was mein Liebling heute erlebt hat:
Heute ist der _____

M
Di
M
Do
Fr
Sa
So

Was mein Liebling heute erlebt hat:
Heute ist der _____

M
Di
M
Do
Fr
Sa
So

Was mein Liebling heute erlebt hat:
Heute ist der _____

M
Di
M
Do
Fr
Sa
So

Was mein Liebling heute erlebt hat:
Heute ist der _____

M
Di
M
Do
Fr
Sa
So

Was mein Liebling heute erlebt hat:
Heute ist der _____

Was mein Liebling heute erlebt hat:

Heute ist der _____

M
Di
M
Do
Fr
Sa
So

Was mein Liebling heute erlebt hat:
Heute ist der _____

M
Di
M
Do
Fr
Sa
So

Was mein Liebling heute erlebt hat:
Heute ist der _____

M
Di
M
Do
Fr
Sa
So

Was mein Liebling heute erlebt hat:

Heute ist der _____

M
Di
M
Do
Fr
Sa
So